www.tredition.de

AF205016

Barbara Eggert

Wellentanz

Gedichte

www.tredition.de

© 2017 Barbara Eggert

Verlag: tredition GmbH, Hamburg

ISBN
Paperback: 978-3-7439-5356-7
Hardcover: 978-3-7439-5357-4
e-Book: 978-3-7439-5358-1

Printed in Germany

Die Angst vor dem weißen Blatt Papier
überfällt jedes Mal aufs Neue
gleich wie
beim Anfang eines neuen Jahres
nicht klar ist
welche Farben und Formen es bringen wird
ob glückt, was versucht wird
ob Angefangenes verworfen wird
ob Leben gelingt.

Erst im Betrachten aus der Entfernung
kann man ein gerechtes Urteil darüber abgeben.

Die Verliebtheit in ihn
hat einmal gerettet –
warum sollte sie es wieder tun?
Wissend wie es endet!
Tränen, Schmerz, Sehnsucht –
nicht erwiderte Gefühle.
Wozu?
Um Zeit zu gewinnen – genügend Zeit
bis die Auflösung
der Nerven
ein Ende hat.
Bis die Sehnsucht nach ihm,
die Sehnsucht nach dem Tod überwindet?
Wozu?
Um die Tiefen der Seele auszuschreiten,
anderen eine Hilfe zu sein?
Hat man doch schon!
War man doch schon!
Warum
WIEDER!
Warum diese innere Lähmung?
Warum dieses Eintauchen ins Meer der Sinnlosigkeit?
Warum dieses Irren im Nebel der Hoffnungslosigkeit?
Wie dieser Hölle entkommen?

Den Sommer erahnen
freudig den Verlockungen
warmer Temperaturen nachgeben
sich öffnen
entblößen -
bitterlich
bestraft werden
durch eisige Winde
Schneetreiben und Schauer
vom Winter eingeholt.

So wie im Leben
das Neue freudig erwartend
vom Alten heimtückisch
eingeholt
das Wechselbad
der Temperaturen
wird zur
Kneippkur
der Gefühle -
Verlässlichkeit
ist gefragt.

Man lebt
von einem
Monat zum nächsten
dann sieht man ihn
wieder –
man kann seine Fragen
los werden
fühlt sich
verstanden
lebt
ist glücklich
oder
wird furchtbar
enttäuscht –

wieder ein
Monat warten

Die Hölle ausgeschritten
und überlebt.
Treue Begleiter gehabt
und loslassen können von der eigenen Person!
Gott erfahren!

Nicht die Sehnsucht
hat überleben erlaubt,
sondern das Ausharren
im Dunkeln –
sich getragen gewusst
ohne sich getragen gefühlt zu haben!

Ein Körper erschlafft, blutleer, wie Wachs
geöffneter Mund, halbgeschlossene Lieder,
Pupillen ohne Reaktion.
So endgültig vorbei...

Der Tod eines anderen
holt den eigenen ins Bewusstsein!

Wie knapp daran vorbei!
Wie sehr ihn herbeigesehnt,
wie tief ihm ins Auge geschaut,
fast in seine Arme gelaufen –
freiwillig!

Heute?
Heute ist er ein Feind,
möglichst weit weg gewünscht.
Heute wird gerne gelebt,
intensiv und bewusst.
Das Leben in sich wahrnehmend
wie ein Wald im Sommer, so schön!

Die Erschütterung über diesen Gegensatz
wird zum innerlichen Erdbeben.
Erst nach Tagen darf die Traurigkeit sich ausbreiten,
wie Wasser jeden Winkel ausfüllen –
und sein.
Nur die Angst vor dem Kippen in die Depression
lässt sie nicht vollends überlaufen.

Der grausame Zustand ist wieder da.
Erbarmungslos festgehalten
im Nicht-Aushalten.
Getrieben von einem Ort
zum anderen eilend
hoffend endlich dort Erleichterung zu finden
- was für ein Trugschluss!
Die Schwere geht mit
drückt einen nieder
raubt den Atem.
Erschöpfung macht sich breit
der Körper ist müde
der Geist überdreht
das Grübeln nicht zu stoppen
der Schlaf so ersehnt
Aushalten!

Geträumt, man sei in einem Gefängnis.
Den ganzen Tag gefangen in sinnlosen Gedanken
gefangen in der Unerträglichkeit des Seins
gefangen in einer Passivität
die eher einer Lähmung gleicht.

Durchgerungen und ein Gespräch gesucht.
Schleusen geöffnet:
die Einsamkeit wurde beim Namen genannt,
die Verzweiflung nicht länger verintellektualisiert,
der Traurigkeit wurde Raum geschenkt,
die Tränen nicht länger blockiert.
Endlich wieder ein Stück Freiheit erarbeitet.

Nicht mehr jemand anderer
sein wollen
mit der Rolle als Frau
Frieden schließen
keinen anerkannteren
Beruf erstreben müssen
Paaren ohne Herzklopfen
begegnen können
sich sicher fühlen
loslassen können
leben wollen
sein
der wunderbare
Zustand
echter
Zufriedenheit.

Momente des Glücks:
Schwarzbeeren im Hochsommer
in einer kühlen Lichtung
finden
die ansteckende Lebensfreude
der Hündin
das Herumalbern können mit
der Mutter
das wirkliche Verstanden werden vom
Therapeuten
Momente des Glücks
nicht zum Festhalten geeignet
aber zum Genießen
solange sie dauern.

Sich zu Hause fühlen,
wo man
angenommen,
verstanden,
wertgeschätzt wird.

Heimweh nach jemandem haben
ist mehr als Sehnsucht;
es geht um Schmerzen -
nicht um Süchte
es geht um Sicherheit -
nicht um Träume
es geht um`s Verstandenwerden -
nicht um Anpassung.

Heimweh nach jemanden haben
beinhaltet
Trauer im Herzen
Freude in der Erinnerung
Glück in der Erwartung.

Heimweh nach jemandem haben
ist schrecklich schön.

Schmerzhafte Erinnerungen
quälen
tauchen auf aus dem Nichts
überfallen von der Seite
schlagen zu aus dem Hinterhalt
überrollen von vorne.
Die Verzweiflung von damals
wird zur Verzweiflung von jetzt
kaum auszuhalten
nicht zu unterscheiden
Flucht erscheint aussichtslos.
Erst der Entschluss
alles niederzuschreiben
schenkt Erleichterung
nimmt den Druck
die Angst
lässt sogar einschlafen.

Ein möglicher Verlust
bedroht
bis in die Tiefen der Existenz.
Es ist
als sei es bereits geschehen
als hätte man schon verloren
als sei alles endgültig vorbei.

Die Bereitschaft alles zu tun,
um den Verlust zu verhindern
raubt einem das letzte Stück Selbstachtung.
Aufgelöst im Strom des Selbstmitleides
Verliert man seine Konturen
und ist nur mehr –
ja, was?
- nicht mehr vorhanden.

Das Nein – Sagen
verlangt innerhalb kürzester Zeit
das rasche Wahrnehmen
der eigenen Bedürfnisse
das schnelle Abwägen
möglicher Konsequenzen
das Aushalten, nicht geliebt zu werden
-        also eine große Menge an Kraft
und noch viel mehr Frustration
wenn man es wieder einmal nicht geschafft hat.

Manchmal
überkommt einen die Traurigkeit
einfach so,
ohne sich anzumelden
ohne einen Grund
ohne Verpackung.

Manchmal
möchte man dann vor ihr davonlaufen
manchmal
bringt sie einen unter die Decke
manchmal
kämpft man auf verlorenem Posten gegen sie an.

Manchmal – eher selten
gelingt es einem
sie einfach anzunehmen
- und dann ist es gut!

Wenn man die Harmonie
so sehr braucht
fordert sie
faule Kompromisse
Schweigen zum Unrecht
Verkaufen der einem Anvertrauten
schließlich
die absolute Anpassung der
eigenen Person.

Wie kann man nur
etwas so sehr
brauchen
erstreben
tun
was doch zugleich
so sehr
schadet?

Vorsichtig wird die Wut
in kindlich trotzige Worte gekleidet
und mit einem Lächeln getarnt.

Beim anderen nicht angekommen
zieht sie sich verschämt in sich zurück,
um später völlig
unkontrolliert
unangemessen
unverständlich
übertrieben
Raum zu gewinnen und
den anderen von sich zu stoßen.

Allein
bleibt man zurück
nur die Wut
jetzt außer einem
starrt einen an
man selbst
erstarrt innerlich.

Der Sprung aus dem Fenster
von einer anderen Frau
erschüttert zutiefst das Innerste,
betrifft zentral das eigene Sein,
raubt hart erarbeitete Sicherheiten.

Wenn die Sonnenfinsternis
zur Ewigkeit wird,
wenn das „DU"
nicht mehr vorhanden ist,
alles eng wird und schwarz
- dann könnte es auch einem selbst passieren.

Der
Schmerz
ist
unerträglich.

In sich
gekrümmt
bewegungslos
erstarrt
versucht man zu fliehen.

Versucht
ihn einzuspinnen
zu umgarnen
zu ertränken.

Versucht
sich zu betäuben
und ihn
zu ignorieren.

Der
Schmerz
ist
unerträglich.

Verlassen Werden
bedeutet
die Existenzberechtigung
im Leben des anderen
zu verlieren
und damit sich selber.

Am liebsten
würde man
in niemandes Leben mehr
einen Platz ausfüllen
und sich in Luft auflösen.

Die Angst
überwunden
den ersten Schritt gewagt
im Gespräch
der Wut einen Namen geben können
den anderen stehen lassen können
mit seinen Gefühlen.

Das Risiko eingegangen
neuerlich verletzt zu werden
aber belohnt worden zu sein
durch eine ausgestreckte Hand
die einem vermittelt
man ist akzeptiert wie man ist
man ist nicht hassenswert,
sondern trotz allem wert,
geliebt zu werden
man wird gemocht,
auch wenn man sich selber nicht mag -
Zukunft ist möglich!

Die eigenen
Gefühle
wahrnehmen
akzeptieren
und dann sogar aussprechen können
ist ein schwieriges Unterfangen,
das zu lernen lange dauert
und anstrengend ist.

Wie gut, dass man
treue Begleiter an der Seite hat,
die geduldig bereit sind
immer wieder Nachhilfe zu leisten.

Auftauchen
atmen können
die Sonne wieder spüren
Freude bemerken
beweglicher werden im Sein
die Angst hintergehen
vorsichtig neugierig werden auf ein Du
und tief innen erahnen –
Leben zahlt sich doch aus!

Ein Durchbruch
ist geschafft.
Nach mühsamer
Knochenarbeit der Psyche
ist der Weg endlich
befreit vom gröbsten Geröll
und sichtbar wird
gleich Dominosteinen, die fallen
ein in sich passendes Ganzes
das einem Wunder gleich
plötzlich erklärbar und verstehbar wird.

Auf dem Motorrad
den Herbst erfahren.
Blätter fallen gegen das Visier
der Boden wird rutschig
die Schatten werden schnell,
aber der Wald erstrahlt
in Farben,
von der Sonne durchleuchtet,
in einer Pracht
die jegliche Beschreibung
zum kitschigen Abklatsch werden lässt.
Die Natur ist ein Phänomen
eine Wohltat
für Augen,
Seele
Verstand.
Kraft tanken.

Was für eine
hilfreiche
tröstende
überraschende Zusage:
Man selbst sei der Herr
über seine Gedanken.
Nicht mehr
ausgeliefert,
erstarrt
hilflos
von unten nach oben stemmend
in endlosen Kreisen denken müssen,
sondern von oben herab
selbst bestimmend,
ja mächtig
seine Gedanken beherrschen.

Das Laufrad
darf nicht
zum Stehen kommen,
sonst würde
man erkennen,
dass sich alles im Kreis dreht
man trotz
Anstrengung
nicht vorankommt
aussteigen unmöglich.

Die Sucht danach
für andere wichtig zu sein
in dem man ihnen hilft
wird zurückgeworfen
auf einen selbst
indem gesagt wird:
"Sei wie du bist,
damit hilfst du uns am Meisten!"

Grenzziehung -
eines vom Schwersten:
Man ist gewohnt
ja nicht anzuecken
jedem alles recht zu machen
brav und lieb zu sein.
Grenzziehung bedeutet:
hier bin ich
mit Ecken und Kanten
manchmal Unrecht zufügend
unangepasst und nicht lieb seiend -
also endlich
Mensch werdend!

Wie Hesse schon meinte:
"sich dem Schmerz überlassen
wie bei einem Rausch" -
so hilft es, sich der
eigenen Unaushaltbarkeit
auszuliefern
zuzulassen
auszuharren
dann erst kann Heilung beginnen.

Die Entdeckung
der Langsamkeit
aus längst vergangenen Tagen
wieder ausgraben
polieren
auf einen Sockel stellen.
Gut sichtbar
wird sie vielleicht
nicht so schnell vergessen
und erlaubt
besser
effektiver
belastbarer
zu sein.

Geträumt, dass
lodernde Feuerwalzen
alles überrollen.

Man kann zwar
wieder aufstehen –
man lebt
aber sie haben
deutliche Spuren
hinterlassen.

Sich selbst nicht aushaltend
zieht man sich zurück
möchte sich den anderen
nicht zumuten.
Die wiederum sind
völlig erstaunt darüber,
beschwichtigen
halten es für nicht so schlimm.
Sie haben auch mehr
Abstand zu einem selbst.
Könnte man nur vor sich selber davon laufen.

Erst nach Wochen
entspannt

loslassen
aufhören zu kämpfen

derart beruhigt
wird das Leben
wieder spannend
ohne zu zerreißen.

Gut gemeinte Worte
lieber Menschen
perlen ab
wie Regen
an einem versiegelten Fenster.
Der tiefe Graben
zwischen Gutmenschen
und völliger Wurstigkeit
verwandelt sich in eine
unüberbrückbare Schlucht,
die alles mit sich in die Tiefe reißt.
Gefahr im Verzug.

Gefühlseiszeit
Erstarrung
Betonkokon.
Einziger Ausweg
Flucht in die Tiefe
unaufhaltsam
irreversibel
immer schneller werdend
aufhaltbar nur mehr
durch die chemische Keule.
Nerven tauen auf
werden beweglich
befreien sich
hin zum Leben.

Das wohlige Watte- Gefühl
lässt langsam nach.
Zurück bleibt die
Müdigkeit und
das pure Erschrecken
welche Nichtigkeiten
den Abgrund öffnen.
Gott sei Dank am Leben.

Das ständige Bedürfnis
alle in den Arm zu nehmen
ist absurd und verrückt.
Ausgeglichenheit
auf tablettisch.

Sie sagen
ganz normale
Gegenbewegung
zum vorherigen Tief.
Einordenbar
ist es leichter
zu verkraften,
obwohl die
Wellenberge und - täler
Übelkeit verursachen
und scheinbar
kein Ende haben.
Derzeit kein Land in Sicht..

Nervosität
lässt erzittern
möchte agieren
macht unrund.
Sehnsucht nach Gelassenheit
lässt neidisch
auf jene blicken
die sie ruhig
vor sich hertragen.

Die Angst vor dem Leben
sitzt tiefer
als die Angst vor dem Tod.
Sie lässt erschauern
vor Gefühlen,
die man nicht wahrhaben will
vor der Innenwelt
die mit der äußeren kollidiert
vor dem Sein
das nicht erreicht wird.
Fassungslos bröckelt
die Fassade
und man kommt endlich
zu sich.

Lachen
kann wieder sein
und macht so viele
glücklich,
von denen
man es sich
nie gedacht hätte.

Freundschaft
bietet bei
aller eigener Einschränkung
Weite.

Aufgetaucht
aus den Meeren
dunkler Gedanken
wird Beziehung
wieder lebbar
Freundschaft
möglich.

Ständig dagegen
ankämpfen,
dass die eigenen
Hände
sich nicht
gegen einen
selbst richten.
Völlig erschöpft
von dieser
ununterbrochenen
Anstrengung
will man nicht mehr
kämpfen.
Wie lange wird es noch
liebe Menschen geben,
die rechtzeitig zur Stelle sind?

Meilenstein der
Selbsterkenntnis:
man lebt ständig
gegen sich
in dem Versuch
sich anzupassen
nicht am Rande
der Gesellschaft
 be- und -abgeurteilt
zu sein.
"Ich bin anders
als die anderen"
sich eingestehen
erlauben
Entlastung
erleben.

In anderen Völkern
sind die, die anders sind,
die Heiligen.
Man darf so
sein
wie man ist
auch wenn man
anders ist.
Diese
Erkenntnis
wird die Brücke
über den Abgrund
zum Selbst.
Der Abgrund verliert
seine Grausamkeit
seine Anziehung
seine Unberechenbarkeit.
Leben
Ist willkommen!

Wer mit dem
Tod flirtet
muss entrissen werden
aus seinen
werbenden
umschmeichelnden
und Erleichterung versprechenden
Händen.
Ein Stück von
einem selbst
behält er sich
jedes Mal zurück.
Die offene Wunde
bleibt als Narbe
zurück
und lässt hoffentlich
nie mehr vergessen.

Angst
soll sich
wandeln
dürfen
in Neugierde.

Ist der Alptraum
nun wirklich
vorüber?
Wer kann es wissen?
Vorerst ist
Waffenstillstand
Ruhe
Geborgenheit
angesagt.
Erschöpft verlässt
man
sich
vorsichtig
darauf
und
genießt.

Gute
Begleiter
haben eine
Steigleiter
in den Sumpf
gesteckt
mit ihren
freundlichen
manchmal
schiebenden
aber nie loslassenden
Händen
zur Befreiung
verholfen.

Angehörige und Freunde
die hinter einem stehen,
egal,
wie man ist
geben Halt
wie ein Haus
aus Stein
von starken
großen
dichten
Bäumen
umgeben.

Dem Schöpfer
wird auch gedankt,
er war immer da
beim Anrufen
seines Namens
sogar
spürbar.

Loslassen
lieber Menschen
ist wie Hinaustreiben
aufs offene Meer
mit gelichtetem Anker.
Blickkontakt so lange wie möglich.
Traurigkeit - begründet
Verlustängste - lähmend
Dankbarkeit - tief
Leben versuchen
mit dem Rückenwind
guter Wünsche.

Der Verlust
des geliebten Menschen
reißt den
Boden
unter den Füßen
weg.
Haltlos
irrt man umher
zwischen
nicht Wahrhaben Wollen
und grausamer Realität.
Furchtbar!

Das ganze
Leben lang
Angst
vor diesem
einen Verlust.
Einem Wunder gleich,
lebt man
irgendwie weiter,
die vertraute Stimme
wurde verinnerlicht
und spricht in Gedanken
gut zu.

Der Tod
saß mit am Bett
und zeichnete
seine Vorzeichen
in ihr Gesicht.
Zum Ende hin
war er ein
freundlicher Gast
dem die Hand
gereicht
in kindlicher
Ergebenheit
gefolgt
wurde.

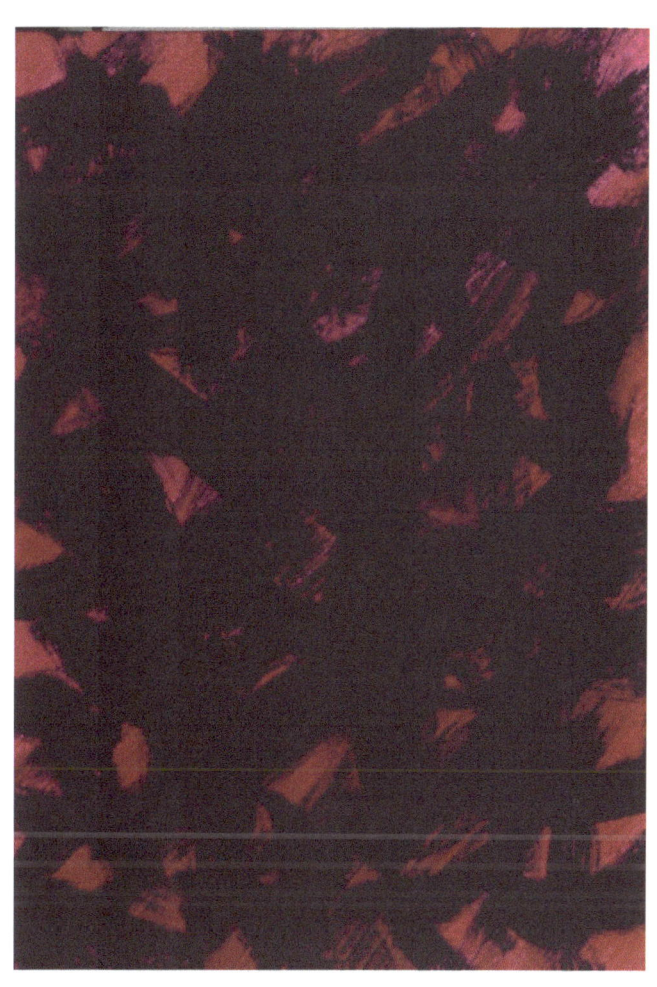

Das Sterben
begleitet.
Zwischen
Verzweiflung
und Dankbarkeit
die wichtigsten
Dinge besprochen.
In eigener
Hilflosigkeit
neben ihr gesessen
in ihrer
Hilflosigkeit.

Das Pochen
der Halsschlagader
war wie das
Marschieren
von Soldaten
hin zum Tod.
Wochenlang besorgt
beobachtet
war das plötzliche
Aufhören
ein Schock.
Du hast dich
so kalt
angefühlt.

Die
aufgerissene Lücke
vermag niemand
auch nur annähernd
zu stopfen.
Man verliert sich darin,
wie in einem
Irrgarten
ohne Ausgang.
Du
fehlst!

Durchs Leben
torkelnd
versucht man
Halt
zu bekommen.
Der Sturz
aufs Gesicht
ist vorprogrammiert.
wieder aufstehen,
weiter gehen,
ist unendlich
anstrengend.

In der
dahin rasenden
verbleibenden Zeit
alles durchgesprochen
was wichtig war.
Dankbar den Punkt erreicht:
„es ist alles gesagt„.
Heute wären noch
einige Fragen
zu stellen:
Wie geht Obstsalat?
Fast nicht aushaltbar,
dass man nicht
schnell anrufen
und fragen
kann.

Du
fehlst
in jeder Pore der Haut
in jedem Atemzug der Lunge
in jedem Pochen der Herzens -
die Seele hält inne
und horcht:
da ist nur
laut hallende Stille
stumpfe Kälte
vollgestopfte Leere.
Erst nach Wochen zerreißt
das innere Vakuum,
die Stille
schenkt sich Berechtigung
und schweigt sich den Weg frei,
die Kälte
erlaubt der Sonne
sich aufzulösen
ohne nachtragend zu sein,
die Leere
bekommt tröpfelnd Besuch
der ihr gut tut,
Leben erlebt sich
in scheinbarer Normalität
und doch wird es
nie wieder sein
wie es war
du fehlst.

Wie soll man
Weihnachten
feiern
ohne den
geliebten Menschen?
Die Angst
davor
heißt innerlich
erzittern
und hoffen,
dass es schnell
vorüber geht.
Augen zu und durch.

Wut
als berechtigt
bezeichnet
dazu gestanden
und drei Tage
Migräne
erspart.

Ein Nein
ist ein
Ja
zu sich selber.

Dieses Vermächtnis
am Sterbebett vorgelebt
und als Auftrag
fürs eigene Leben
mitgegeben.

Das Leben
neu zu erlernen
wird nicht geglaubt
nicht für möglich
gehalten.
Freunde geben Halt
schenken Wärme,
gemeinsames Erinnern
erlaubt ein Lächeln
schenkt sogar
Mut
für die Zukunft.

Selbstwert und
Leistung
sind eng miteinander
verstrickt.
Wenn keine Trennung
gelingt,
wird es einen
irgendwann
erwischen.
Diese Aussage
trifft mitten ins Herz
und macht Angst.

Einer Nussschale gleich
auf hoher See
hin und her gebeutelt,
die Wellen schlagen
über einem zusammen.
Und doch -
einem Wunder gleich
taucht man
immer wieder auf.
Wellentanz
als Krafträuber.

Trotz allem
jeden Morgen
das Leben neu begrüßen,
weiter machen
neugierig erwarten,
was es zu bieten hat.

Zwischen
wertgeschätzt werden
und geliebt werden
liegt
gesehen werden.

Freundschaft
braucht Pflege,
schenkt soviel
Freude
Geborgenheit
Umarmung.
Miteinander
trauern
weinen
aushalten,
dass es so ist,
wie es ist.
Die Dankbarkeit
ist groß
lässt
tief innen
Glücksmomente
erahnen.

Zeitfracht Medien GmbH
Ferdinand-Jühlke-Straße 7
99095 Erfurt, Deutschland
produktsicherheit@kolibri360.de